Der Pfingstberg im Norden der Stadt Potsdam ist mit seinen 76 Metern über dem Meeresspiegel die höchste Erhebung auf der von Havelgewässern umgebenen Insel Potsdam. Schon im 18. Jahrhundert, noch weit vor den Toren der Stadt gelegen, war er wegen seiner guten Aussicht bekannt und beliebt.

Seite 1: Abendstimmung auf der Kolonnade des Belvederes

Heute grenzt der Pfingstberg im Süden an die Kolonie Alexandrowka, 1826 als Denkmal russisch-preußischer Freundschaft errichtet. Westlich schließt sich das Bornstedter Feld an, jahrhundertelang für militärische Übungen genutzt, bis das Gelände zur BUGA 2001 in einen Volkspark umgestaltet wurde.

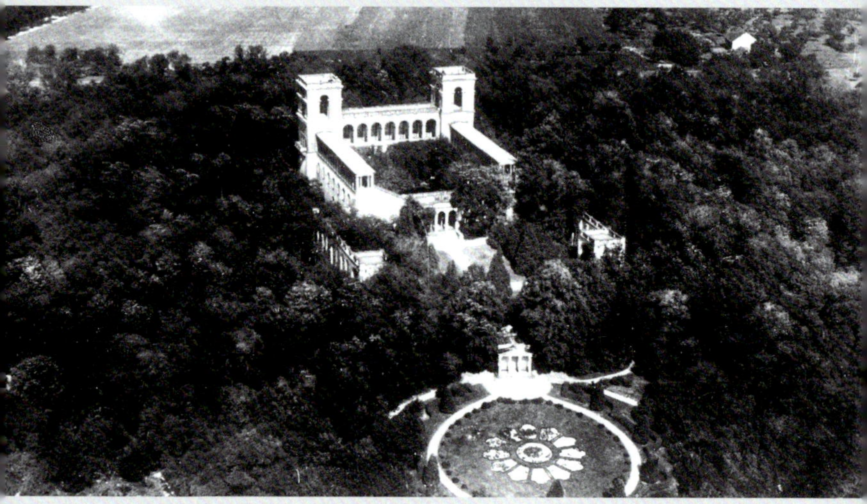

Luftbild des Pfingstberges, um 1920

Den östlichen Rahmen der Umgebung bildet der Neue Garten, er wurde ab 1787 unter Friedrich Wilhelm II. angelegt.

Dem Pfingstberg mit seiner von Peter Joseph Lenné geschaffenen Parkanlage, dem Belvedere und dem Pomonatempel war nach dem Zweiten Weltkrieg ein unheilvolles Schicksal beschieden. Auf drei Seiten von sowjetischem Militär umgeben, von der Berliner

Mauer nur 300 Meter entfernt, war ein Aussichtspunkt politisch unerwünscht. Nach 1961 wurde das Belvedere gesperrt und verfiel. Vom Pomonatempel standen Mitte der 1980er Jahre nur noch die Grundmauern und der Park war als solcher nicht mehr erkennbar.

1988 gründete sich eine Arbeitsgemeinschaft Pfingstberg im Kulturbund der DDR, der heutige Förderverein Pfingstberg in Potsdam e. V., die mit freiwilligem Engagement, Öffentlichkeitsarbeit und Kulturveranstaltungen gegen das Vergessen des Pfingstberges anging.

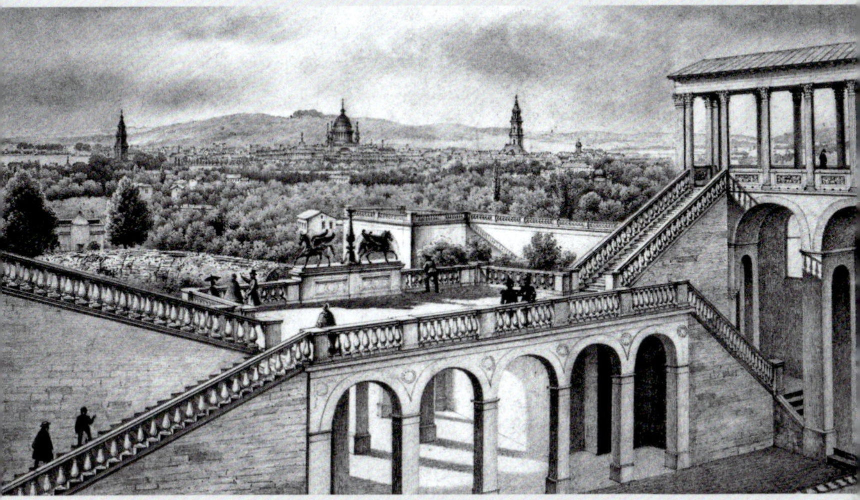

Franz Alexander Borchel, Blick vom Pfingstberg auf Potsdam, um 1865

Dank zahlreicher Spenden konnte die Stiftung Preußische Schlösser und Gärten Berlin-Brandenburg den Pomonatempel, den Park und das Belvedere bis 2005 vollständig restaurieren. Der Förderverein Pfingstberg betreibt das Ensemble als Aussichtsschloss und Kulturstandort.

1999 wurde das Pfingstbergareal in die UNESCO-Welterbeliste aufgenommen.

Der Pomonatempel – Schinkels Frühwerk

Zu Beginn des 18. Jahrhunderts stand auf der kahlen Kuppe des Eichbergs, wie der Pfingstberg damals hieß, eine Windmühle. Am Südwesthang des Berges wies Friedrich II. 1743 den Potsdamer Juden einen Friedhof zu. Damit erhielt der Eichberg den Namen Judenberg.

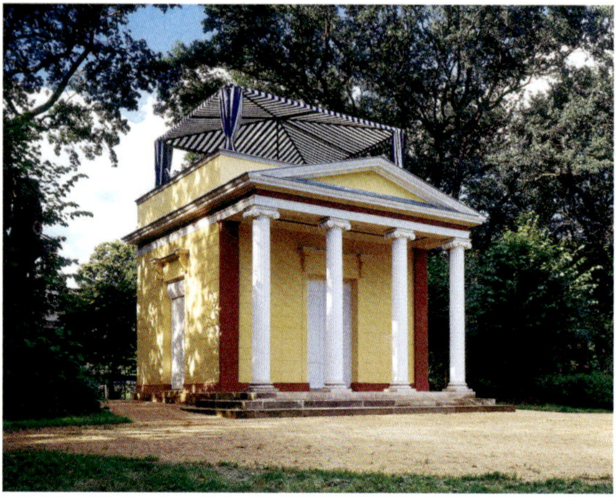

Pomonatempel auf dem Pfingstberg, 1997

Auf dem südöstlichen Hang bis zum Heiligen See baute man Wein an. Der Weinbau wurde seit Jahrhunderten in Brandenburg intensiv betrieben, erlebte aber gegen Ende des 18. Jahrhunderts einen Niedergang, bedingt durch schlechte Witterung und Reblausbefall.

Der schönste Weinhang am Judenberg gehörte dem Topographen und Geheimen Rath Carl Ludwig von Oesfeld. Das dazugehörige Weinberghäuschen »Temple de Pomone« (benannt nach der Göttin der Früchte) ersetzte man 1801 an einer höher und exponierter gelegenen Stelle durch einen massiven Teepavillon mit hölzernem Portikus. Mit dem Entwurf des neuen Pomonatempels wurde der damals erst neunzehnjährige, später hochberühmte preußische Baumeister Karl Friedrich Schinkel (1781–1841) beauftragt – es ist sein erstes verwirklichtes Projekt. Schinkel wählte für den Bau die Form eines griechi-

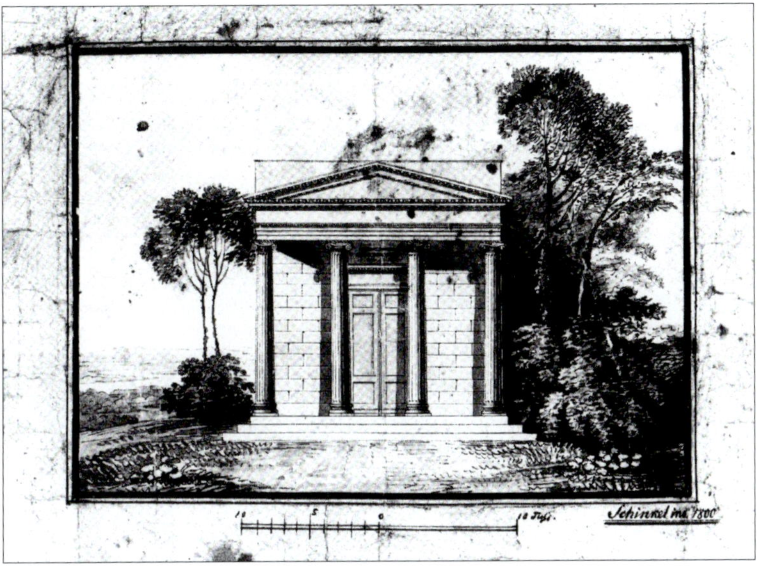

Karl Friedrich Schinkel, Entwurf des Pomonatempels, 1800

schen Tempels. Er kopierte dazu offensichtlich die Nordfassade des Erechtheions auf der Akropolis von Athen. Als Vorlage werden ihm die Stiche der Maler und Architekten James Stuart und Nicolas Revett gedient haben.

Die Aussicht vom Pomonatempel war eine Sehenswürdigkeit Potsdams, die auch die königliche Familie Friedrich Wilhelms III. in ihren Bann zog. In Erinnerung an einen dort erlebten schönen Pfingstmorgen erfolgte die Umbenennung in Pfingstberg, wohl Königin Luise zuliebe. Nach dem Tod Oesfelds verkauften die Erben das Anwesen Anfang des 19. Jahrhunderts an den preußischen König. Vermutlich ließ die königliche Familie auch das blau-weiß gestreifte Sonnenzelt auf der Dachterrasse ergänzen, das ganz der Mode der Zeit entsprach.

1927 wurde der Pfingstberg von der »Verwaltung der Staatlichen Schlösser und Gärten« übernommen, und 1935/36 vor den Olympischen Spielen restauriert. Den Zweiten Weltkrieg überstand der Pomonatempel weitgehend unbeschadet. Erst nach dem Krieg verfiel dieser Teepavillon in unmittelbarer Nähe sowjetischer Militärareale mangels Nutzung bis auf seine Grundmauern. Nur einige wertvolle Details konnten noch rechtzeitig von Mitarbeitern der Staatlichen Schlösser und Gärten Potsdam-Sanssouci geborgen oder dokumentiert werden.

1991 beschloss der Vorstand der Hermann Reemtsma Stiftung Hamburg, den Wiederaufbau des Pomonatempels mit einer Spende von 500 000 DM zu ermöglichen. Die Stiftung verband damit ausdrücklich die Hoffnung, dass der Wiederaufbau dieses kleinen Tempels zur Initialzündung für die Erhaltung und schrittweise Wiederherstellung der Gesamtanlage am Pfingstberg werden sollte. Die Restaurierung orientierte sich am noch vorhandenen Bestand und der Auswertung des alten Planmaterials, historischer Fotos und sonstiger Quellen. Dementsprechend erfolgte die Ausführung des gesamten Portikus wieder aus Holz mit »Sandelung« der Säulen, womit ursprünglich ein wertvolleres Material vorgetäuscht werden sollte. Fast alle Bauteile konnten originalgetreu nach dem zuletzt dokumentierten Befund rekonstruiert werden bis hin zur Markise über der Dachterrasse. Eine Linie im Außenputz soll dem interessierten Betrachter die Trennung zwischen erhaltenem Originalmauerwerk und der Ergänzung erkennbar machen.

Heute dient der Pomonatempel Ausstellungen, Empfängen und Kulturveranstaltungen in kleinem Rahmen.

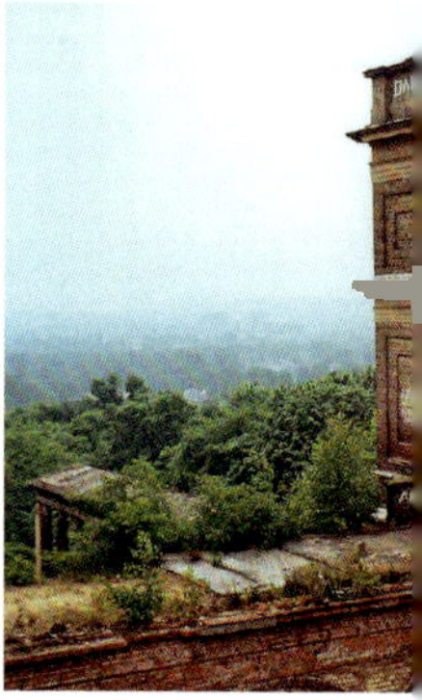

Westturm und Nordterrasse, 1993

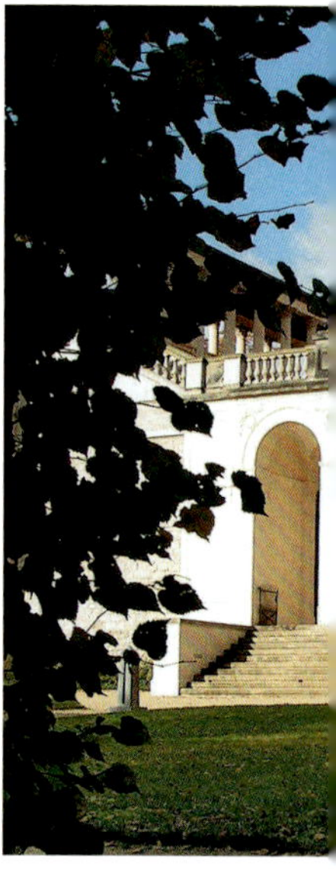

Westturm und Torhalle, 2001

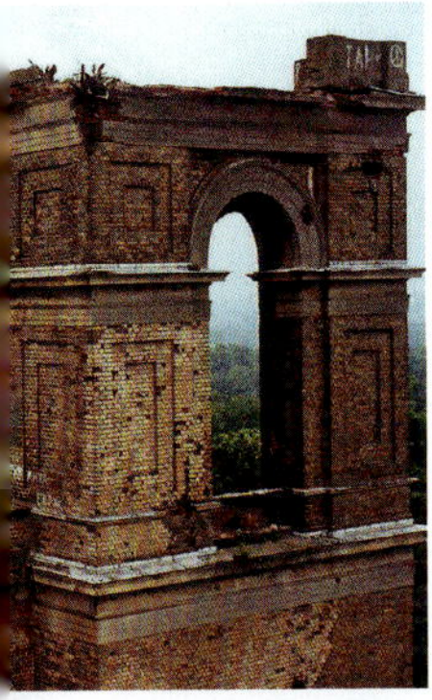

Belvedere Pfingstberg

König Friedrich Wilhelm II., Nachfolger Friedrichs II., erwarb schon als Kronprinz 1783 erste Grundstücke am Westufer des Heiligen Sees aus dem Bestand der »Unter-Weinberge«. Nach seiner Thronbesteigung und weiteren Grundstückskäufen ließ er nach 1787 den Neuen Garten am Heiligen See anlegen und das Marmorpalais als Sommerschloss errichten.

Die nahe Anhöhe des damaligen Judenbergs faszinierte auch den König mit ihrer schönen Sicht. So begannen 1793 die Planungen zum Bau eines »Gothischen Turms«, eines Schlossbaues mit Turm und Aussichtsplattform in 142 Fuß Höhe auf der Kuppe des Berges als Erweiterung des Neuen Gartens. Zur gleichen Zeit entstanden die Gotische Bibliothek an der Südspitze des Heiligen Sees und die Meierei am nördlichen Ende des Neuen Gartens. Der Plan des Königs scheiterte an den »äußerst unbilligen« und »ausverschämten« Forderungen der Grundstückseigentümer der Ober-Weinberge am Hang. Allerdings verwirklichte der König mit dem Schloss und der Meierei auf der Pfaueninsel ähnliche Ideen.

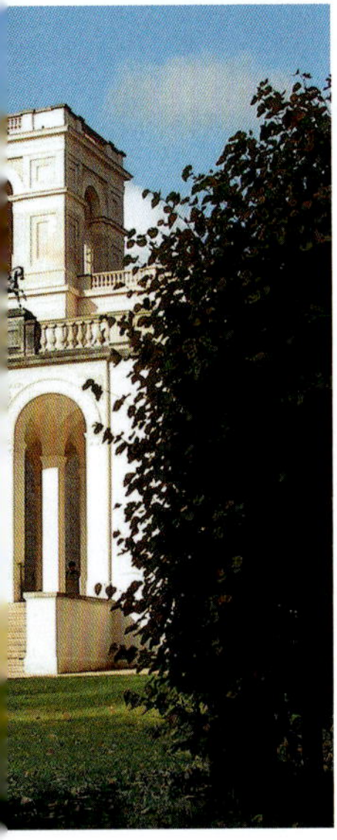

Erst sein Enkel, Friedrich Wilhelm IV. griff den Gedanken an ein Aussichtsschloss auf dem Pfingstberg wieder auf. In seiner Kunst- und Architekturbegeisterung träumte er von der Umgestaltung Potsdams in ein »preußisches Arkadien« und hielt schon als Kronprinz in unzähligen Skizzen und Zeichnungen seine Architekturkompositionen für die Berlin-Potsdamer Havelseenlandschaft fest.

Für den Pfingstberg entwarf der Kronprinz nach seiner Italienreise 1828 immer wieder neue Varianten und Villen-Kombinationen, bis schließlich das Casino im Garten der Villa Farnese in Caprarola (nördlich von Rom) als Kernstück der zukünftigen Anlage feststand. Die Realisierung musste aber – wie viele andere Projekte auch – bis zum Amtsantritt als König

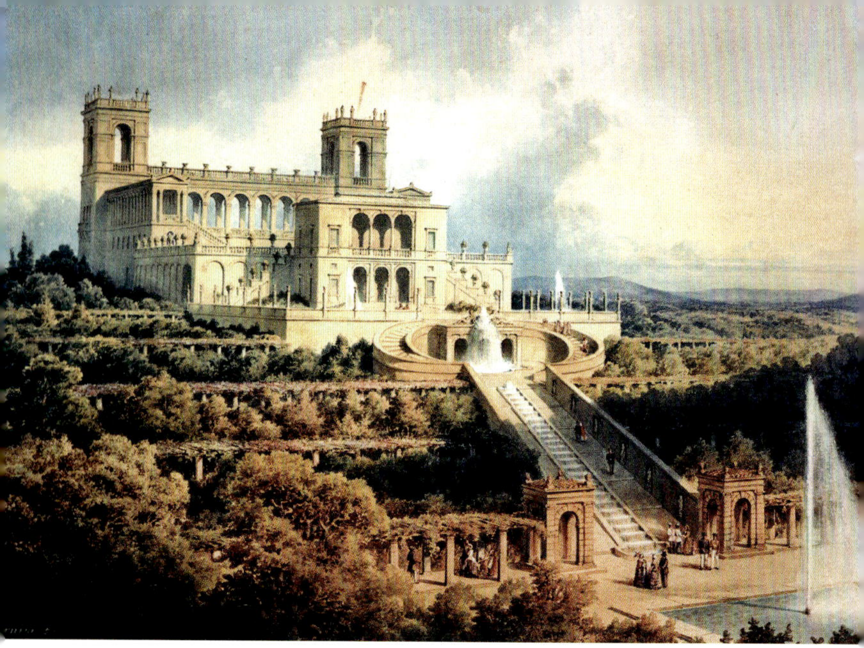

Ferdinand von Arnim, Belvedere auf dem Pfingstberg, Projekt, 1856

1840 warten. Im gleichen Jahr erlitt Schinkel einen schweren Schlaganfall, so dass Ludwig Persius zum Architekten des Königs aufstieg. Nach Persius' Tod 1845 begleiteten Friedrich August Stüler und Ludwig Ferdinand Hesse das Projekt.

Beim Pfingstberg ging es dem König um mehr als nur um das zweigeschossige Casino mit seinen zehn Zimmern und den großen offenen Loggien. Ihm lag eine an den Hang angepasste Gesamtanlage mit Terrassierungen, repräsentativen Treppen, Springbrunnen und Wasserkaskade am Herzen. Da sich der Oesfeld'sche Weinberg bereits im väterlichen Besitz befand, war nach Grundstücksankäufen auf der Bergkuppe der Weg nun frei für großzügige Planungen.

Die Besonderheit bildet das Belvedere – die doppeltürmige »schöne Aussicht«, eingebunden in eine scheinbar über dem schweren Sockel schwebende italienische Renaissancearchitektur. Dieser Teil sollte den Hintergrund, die Rahmung für das Casino am Rande des Hangs darstellen – vergleichbar mit einem Bühnenbild.

In der Doppelturmfront spiegelt sich das Vorbild der Villa Medici in Rom wider, die oberen Turmabschlüsse sind nach einem Motiv der Villa d'Este in Tivoli mit offenen Turmzimmern ausgestattet.

Heute erleben wir nur ein Teilstück des geplanten Bauwerks, denn der 1847 begonnene Bau wurde 1852 unterbrochen, in der festen Absicht, so bald wie möglich weiterzubauen, wozu es aber nicht kam. Friedrich Wilhelm IV. konnte sich in den Zeiten der revolutionären Unruhen nur auf wenige wichtige Bauvorhaben konzentrieren.

Friedrich Wilhelm IV. starb im Januar 1861 ohne die Planungen weiter ausführen zu können. Sein Bruder und Nachfolger Wilhelm I. hatte wenig Interesse an den aufwendigen Architekturprojekten. Er erteilte Stüler den Auftrag, das Belvedere möglichst preisgünstig zu einem (unvollendeten) Abschluss zu bringen und damit einer Nutzbarkeit zuzuführen. In diese Bauphase (1861 bis 1863) fiel auch die Vollendung des Wasserbeckens im Innenhof, das damals wie heute als Hochbecken für die Fontänen und Bewässerungssysteme im Neuen Garten dient. Das Wasser dafür wird aus dem Jungfernsee auf den Pfingstberg gepumpt. Die notwendige technische Anlage, eine Dampfmaschine einschließlich Schornstein, wurde 1861 in die Meierei im Neuen Garten integriert.

Die Eingangsfront der Torhalle gestaltete Stüler so um, dass mit dem dreibogigen Durchgang eine Reminiszenz an die geplante Caprarola-Villen-Kopie entstand. Die Torhalle wurde schließlich auf Wunsch der Königinwitwe mit einer Pegasusgruppe bekrönt.

Das Belvedere auf dem Pfingstberg diente zu allen Zeiten hauptsächlich als Blickfang von Sichtachsen und dem Genuss der Schönheit der Landschaft. Eine scheinbar schwebende Architektur, sparsame

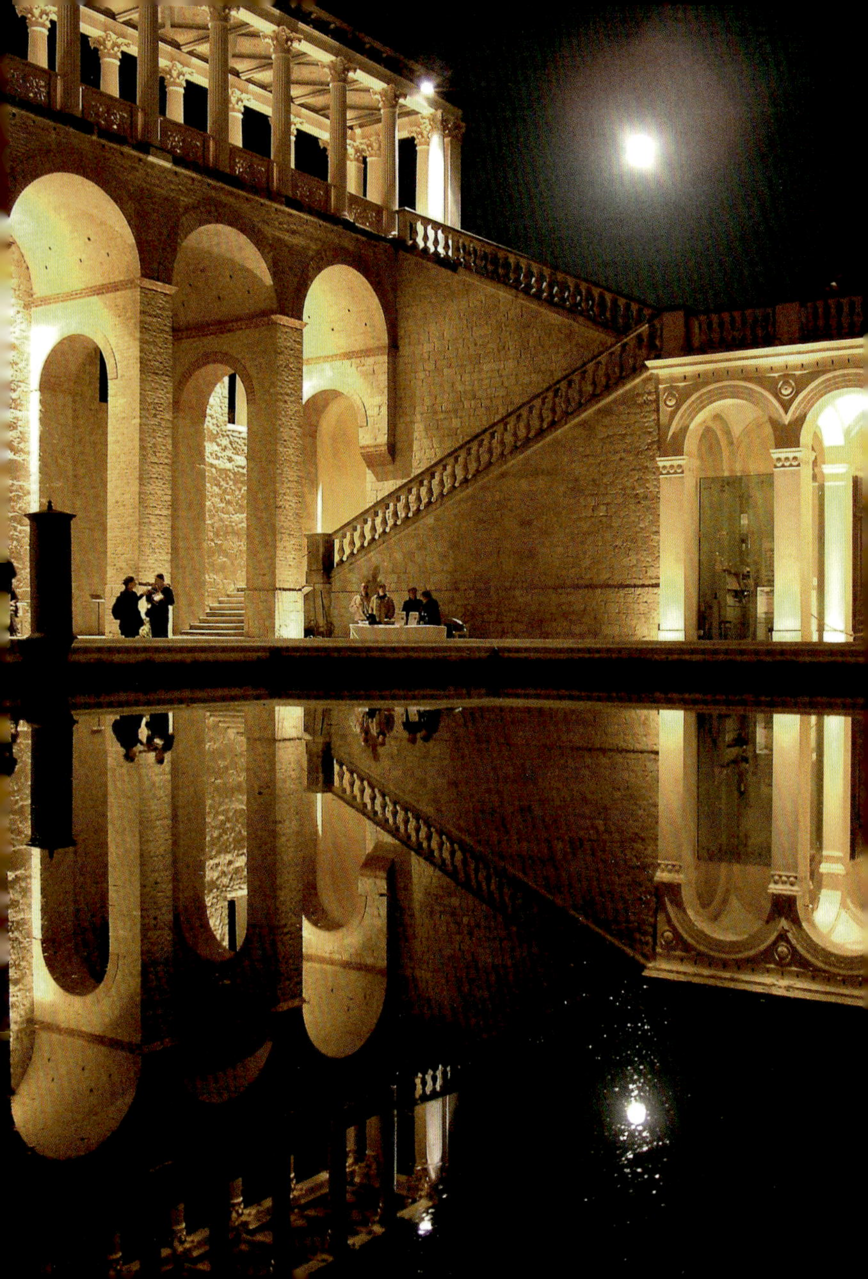

Schmuckelemente und Licht- und Schattenspiele verschmelzen mit dem umgebenden Park zu einem romantischen Ganzen. Selbst das Wasserbecken mit seinem praktischen Nutzen erzeugt durch die Architekturspiegelung wunderbare Traumbilder.

Vermutlich öffnete das Belvedere nach dem Einbau einer Kastellanswohnung 1887 für die Bevölkerung seine Pforten.

Durch die Torhalle betritt man den Hof mit seinen hoch aufstrebenden Arkadengängen zu beiden Seiten, von denen Freitreppen auf die Terrasse über der Torhalle und weiter in die Kolonnaden über den Arkaden führen. Am Ende beider Kolonnaden befinden sich die einzigen nutzbaren Räume, das Römische Kabinett im Westturm und das Maurische Kabinett im Ostturm. Diese Kabinette werden durch die Nordarkade über dem mächtigen Sockel der Doppelturmfront verbunden. Vom Römischen Kabinett aus gelangt man über eine gußeiserne Wendeltreppe in ein offenes Turmzimmer, das durch eine breite Dachterrasse über der Nordwand mit dem Ostturm verbunden ist. Aus dieser Höhe hat man bereits einen wunderbaren Blick über die Landschaft, kann aber auch über zusätzliche Wendeltreppen in beiden Türmen die Aussichtsplattformen besteigen, um einen vollendeten Rundblick zu erleben. Das Römische Kabinett ist mit Wandmalereien geschmückt, die den Ausgrabungsstätten in Pompeji und Herkulaneum entlehnt sind. Für das Maurische Kabinett diente die Stanza di Ruggero im Palazzo dei Normanni in Palermo als Vorlage für die Ausschmückung mit handgemalten Fliesen, deren Dekor im oberen Teil von einer Malerei mit schablonierter Bänderung wieder aufgenommen wird. Das Maurische Kabinett mit seinem Kamin blieb als Teezimmer der königlichen Familie vorbehalten.

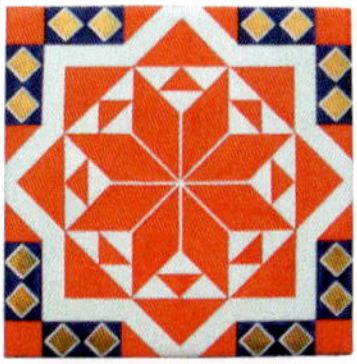

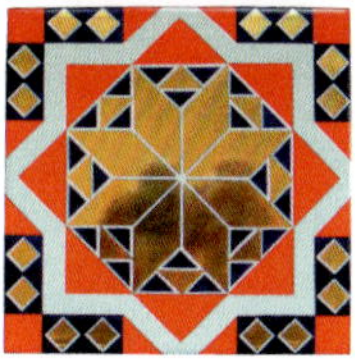

Wandfliesen im Maurischen Kabinett

Mondnacht im Belvedere

Das Belvedere avancierte schnell zu einem beliebten Ausflugsziel. Immer wieder taucht das Motiv auf Fotopostkarten auf. Auch nach dem Übergang in den

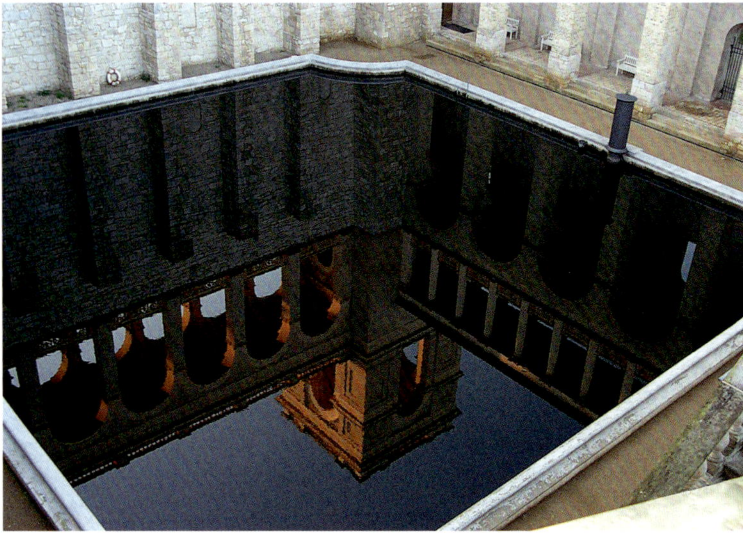

Architekturspiegelung im Wasserbecken des Innenhofes

Bestand der Verwaltung der Staatlichen Schlösser und Gärten 1927 blieb es bis in die 1950er Jahre für Besucher geöffnet.

Von den Zerstörungen des Zweiten Weltkrieges war das Belvedere weitgehend verschont geblieben, erst die territoriale »Umzingelung« des Pfingstberges durch die sowjetische Garnison und die nahe Berliner Mauer führten 1961 zur Sperrung des Gebäudes. Die »schöne Aussicht« war in diesem Falle höchst unerwünscht, die Witwe des letzten Kastellans zog 1964 aus. Die mangelhafte Instandhaltung und fehlende Beaufsichtigung wirkten sich fatal auf die italienische Baukonstruktion des Schlosses aus: Niederschläge, Frost und Vandalismus führten zu schweren Schäden, die Natur eroberte sich Gebäude und Parkanlage zurück.

Der Verfall war so schwerwiegend, dass auch Anfang der 1990er Jahre eine Wiederherstellung als unerreichbarer Traum erschien. Angesichts dringen-

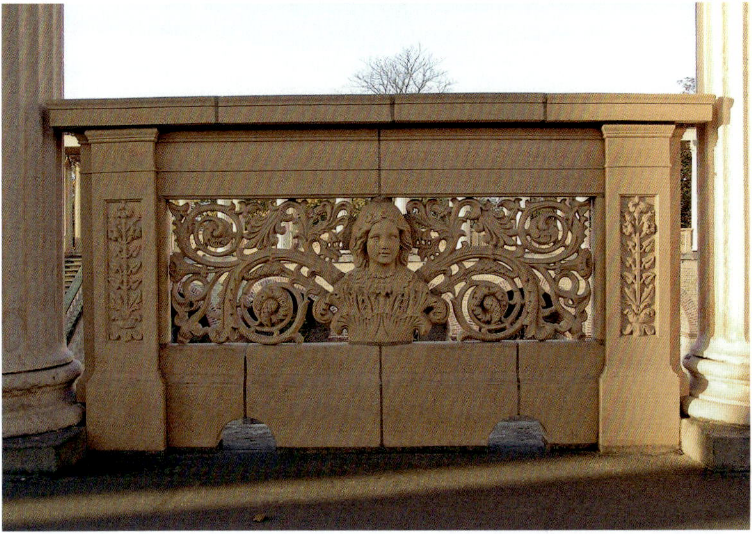

Wiederhergestellte Brüstung der Kolonnade

derer Bauvorhaben in Stadt und Land engagierten sich die Mitglieder des Fördervereins Pfingstberg in Potsdam e. V. für die Einwerbung privater Spenden zur Wiederherstellung der schönsten Aussicht von Potsdam.

Als Eigentümerin unterstützte die Stiftung Preußische Schlösser und Gärten Berlin-Brandenburg ab 1991 die Untersuchung der Bauschäden am Belvedere im Zuge eines Projektes des Bundesforschungsministeriums. Schon 1994 beauftragte sie das Architekturbüro Selle aus Berlin mit der Restaurierungsplanung und errichtete Notdächer, gefördert von der Deutschen Bundesstiftung Umwelt (DBU). 1996/97 ließ sie aufwendige Sicherungsmaßnahmen am Zyklopenmauerwerk der Nordwand durchführen.

1998 konnte die Stiftung endlich dank zahlreicher Spenden und des großzügigen Mäzenatentums von Prof. Werner Otto, dem Gründer des Otto Versandes, und der Hermann Reemtsma Stiftung sowie der Be-

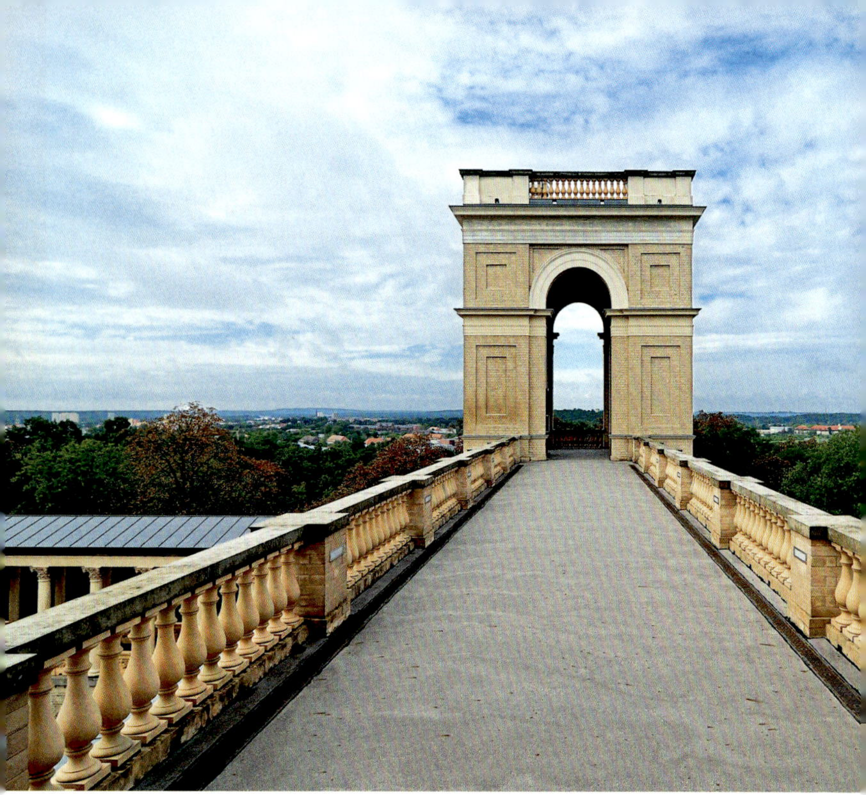

reitstellung von Lotto-Mitteln des Landes und einer Förderung der DBU die Restaurierung des Belvederes in Angriff nehmen.

Blick über die Nordterrasse zum Westturm

Die Ausgangssituation war an vielen Stellen dramatisch. In der Torhalle und am Westturm waren Gewölbe eingestürzt, tausende Ziegel waren vom Frost zersprengt, überall wucherten aus dem Mauerwerk Sträucher und kleine Bäume. Keine der Terrakottabrüstungen oder Keramikbaluster waren mehr vorhanden und die Säulen über der Ostarkade mussten nach einem Brand im Sommer 1989 mit Hilfskonstruktionen gehalten werden. Zahlreiche Sandsteinstufen der Freitreppen fehlten mit allen Brüstungen.

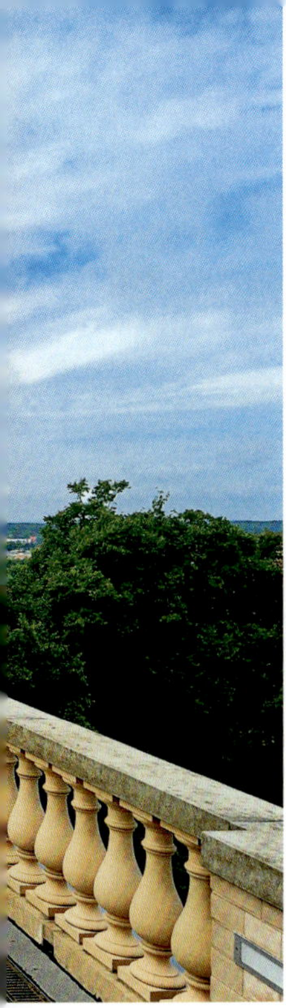

Viele Zinkkapitelle der Säulen an den Kolonnaden hatten wohl über Diebe den Weg zum Schrotthändler genommen. Die Generalinstandsetzung war daher äußerst umfangreich.

An der äußeren Nordwand drohte die Verblendung aus Rüdersdorfer Kalkstein komplett abzustürzen, dadurch mussten über 1000 Steine durchnummeriert, abgebaut und mit Edelstahlankern wieder neu versetzt werden. An den Ziegelfassaden wurden etwa 20000 frostzerstörte Ziegel ausgetauscht. Alle asphaltierten Fußböden auf den Kolonnaden, Turmplattformen und Terrassen wurden geöffnet, die Gewölbe saniert beziehungsweise wieder aufgebaut. Vor dem Aufbringen der Asphaltdecken nach historischem Vorbild erfolgte der Einbau von Dichtungen und Rinnensystemen zur Entwässerung, um das bisher übliche Ablaufen des Regenwassers über die Fassaden zu vermeiden. Die abgebauten Sandsteinsäulen der Kolonnaden erhielten eine Spezialbehandlung, um sie von den über Jahrzehnte aufgenommenen bauschädlichen Salzen zu befreien.

Nach intensiver Suche wurden zahlreiche Bruchstücke in einem ehemaligen Schützengraben nahe des Belvederes wiedergefunden, die dann zusammen mit Fotos die Grundlage zu Modellen für den Nachguss von Brüstungen, Balustern oder der Pegasusgruppe bildeten. Die Anordnung der Fliesen im Maurischen Kabinett konnte nur durch die Rückgabe von zehn Originalfliesen rekonstruiert werden. Jahrzehntelang hatten diese Fliesen als Kaffeekannenuntersetzer oder Blumentischchen in Privathaushalten gedient, heute nehmen sie wieder ihren vorbestimmten Platz ein. Alle anderen Fliesen mussten den Originalen entsprechend nachgefertigt werden. Die Fußböden in den Kabinetten, die Fenstertüren, die Spindeltreppen und deren Geländer wurden aus wenigen vorhandenen Einzelteilen rekonstruiert, die Malereien aufwendig gefestigt.

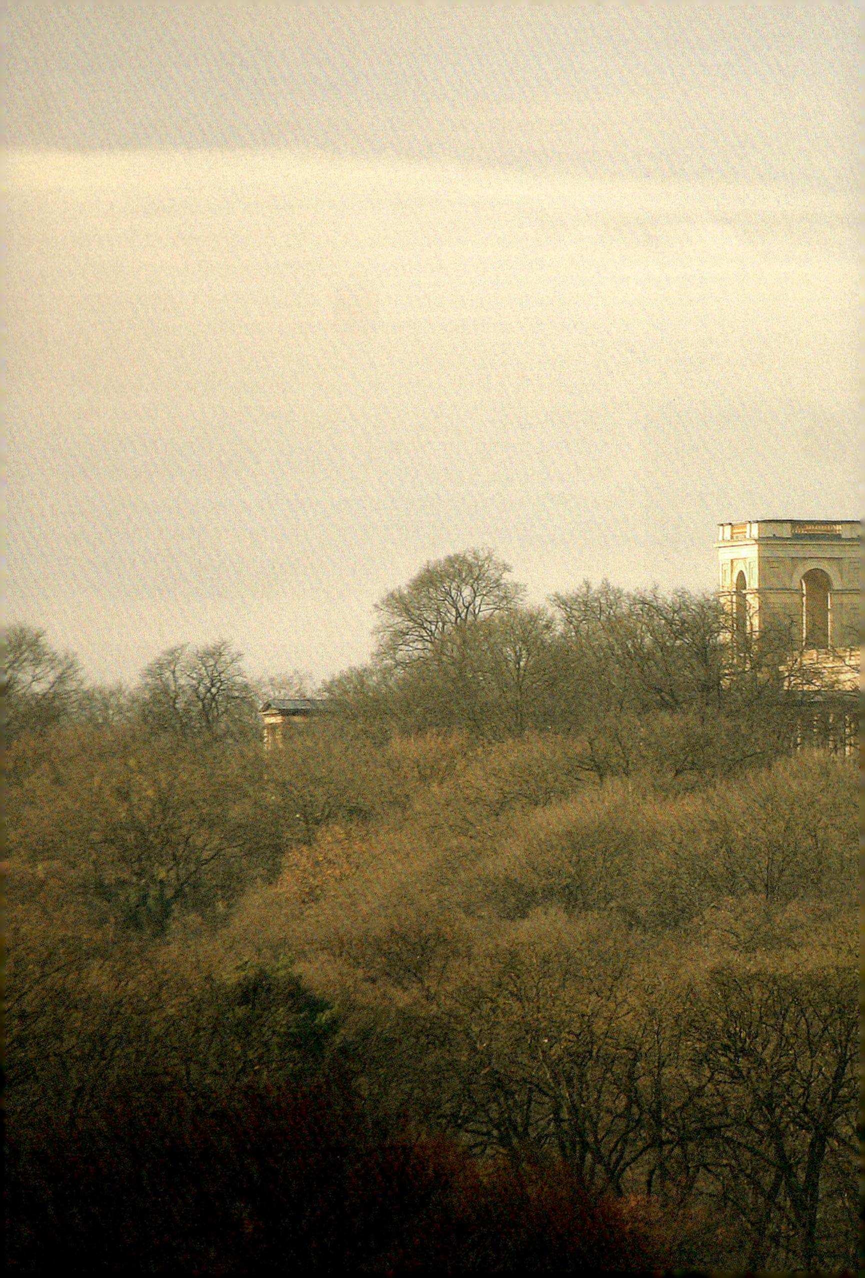

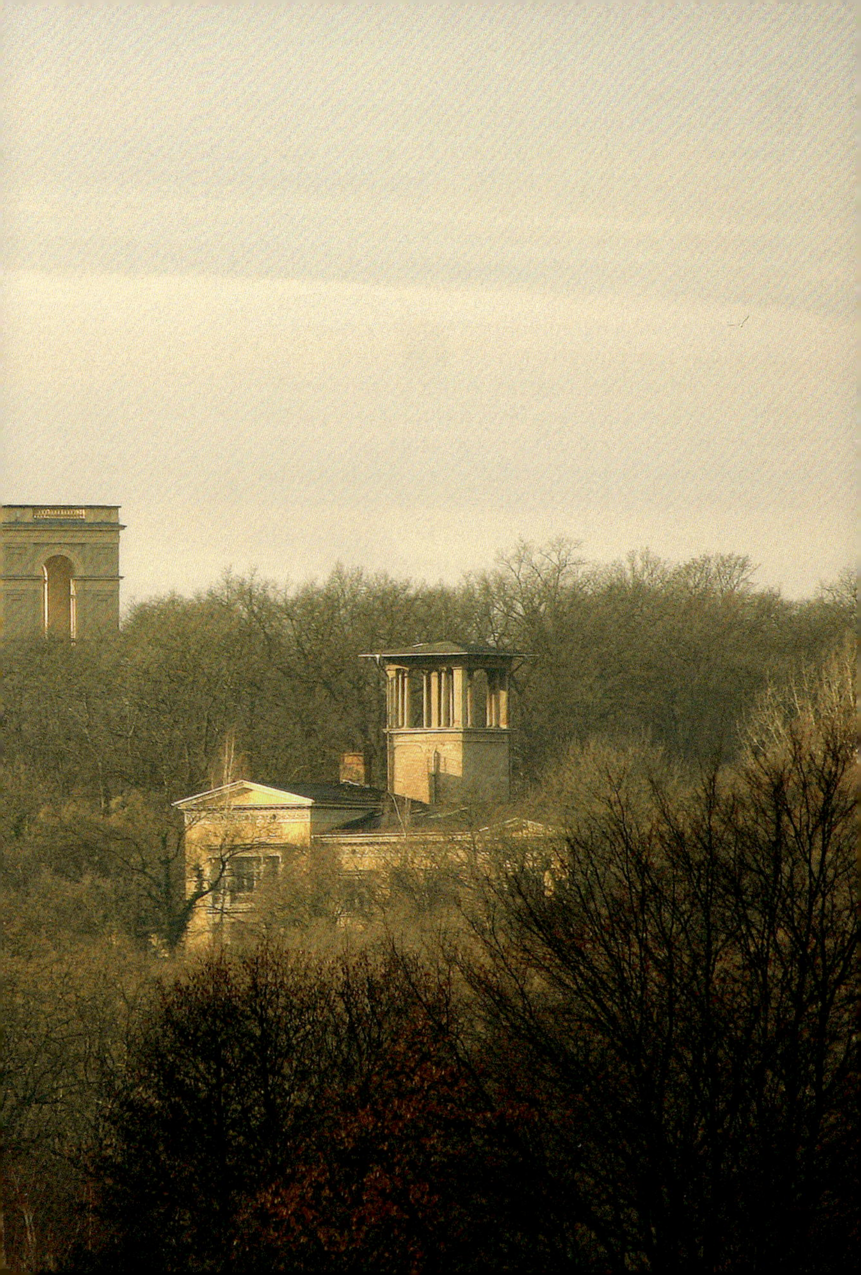

Die Parkanlage

Heute erlebt man die Parkanlage auf dem Pfingstberg als einen wunderbaren Abschnitt innerhalb eines Grüngürtels rund um Potsdam. Die intensivierte Parkpflege nach historischen Befunden, die nach dem Fall der Berliner Mauer wiederhergestellten Parkteile und neu geschaffene Anlagen wie der BUGA-Volkspark fügen sich zu einem harmonischen Ganzen zusammen. Diese über Jahrhunderte künstlich gestaltete Landschaft mit ihren Sichtachsen in der kargen »Märkischen Streusandbüchse« lässt das Herz eines jeden Kunst- und Naturliebhabers höher schlagen.

Seite 16/17:
Blick von Sacrow zum Pfingstberg

Nachdem mit dem Oesfeld'schen Weinberg das wichtigste Grundstück auf der Südostseite des Pfingstberges in königlichen Besitz übergegangen war, wurde der Gedanke an eine Bebauung des Hügels vom Kronprinzen Friedrich Wilhelm IV. wieder aufgenommen. Er beauftragte bereits 1830 den Gartendirektor Peter Joseph Lenné mit der Wegeerschließung und Bepflanzung des Geländes auf dem Pfingstberg, um diesen Aussichtspunkt in seinen Gesamtplan zur Umgestaltung von Potsdam in ein »preußisches Arkadien« einzubeziehen.

Dreißig Jahre später wurde Lenné von Wilhelm I. mit der schwierigen Aufgabe betraut, das unvollendet gebliebene Belvedere mit dem asymmetrisch dazu stehenden Pomonatempel zu verbinden und den Hang bis zum Neuen Garten als landschaftlichen Park zu gestalten. Er löste das Problem geschickt mit einem Rasenparterre vor dem Belvedere, umgeben von einem gerundeten Laubengang. Vor dem Pomonatempel legte er ein großes Rondell an, ursprünglich aufwendig mit Blumenbeeten gestaltet. Seinen Außenrand begrenzten von niedrigen Hecken gerahmte pyramidal wachsende Lebensbäume. Für den Hang schuf Lenné eine Anlage mit schmalen Spazierwegen, Baum- und Strauchgruppen, Wiesenflächen

Peter Joseph Lenné, Gartenplan der Pfingstberganlagen, 1862

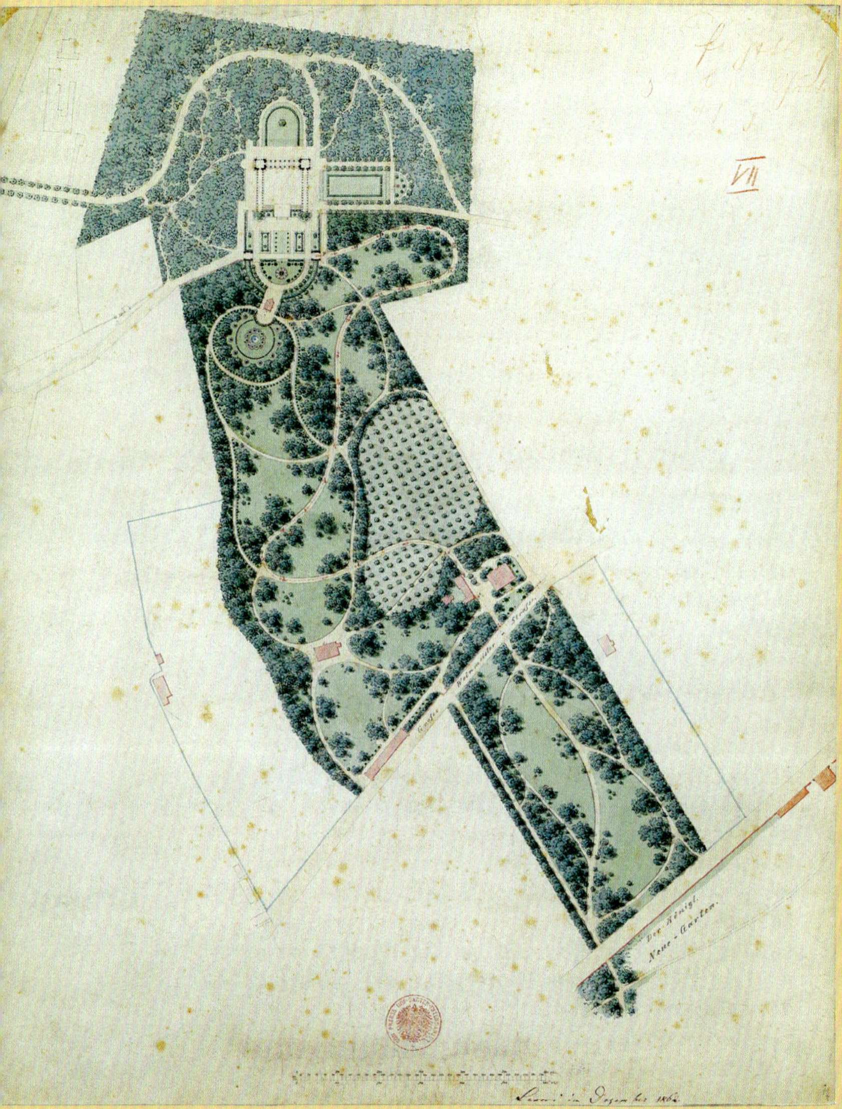
VII
Der Königl.
Neue-Garten.

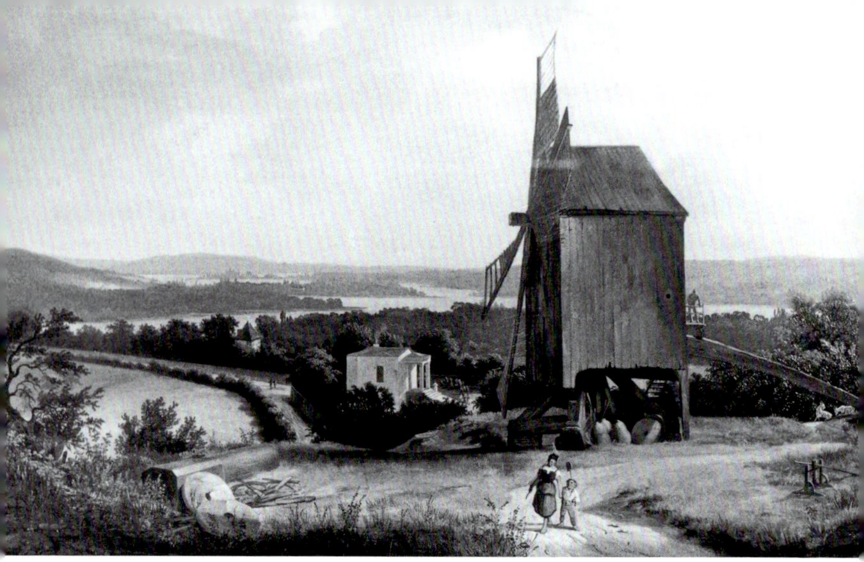

und einer Fülle überraschender Sichtbeziehungen. Über einen bequem geführten, breiten Serpentinenweg am Parksaum mit immer neuen Ausblicken ins Tal gelangte man im Gegensatz zu den kleinen Wegen fast mühelos auf die Anhöhe. Von der Großen Weinmeisterstraße aus führte der Weg durch einen weiteren kleinen Park (das sogenannte Mirbachwäldchen) bis zu einem Tor des Neuen Gartens.

Eduard Freyhoff, Blick vom Pfingstberg auf die Pfaueninsel, 1834

Das Belvedere selbst ist die ideale Verbindung von Ansicht und Aussicht im Wechselspiel zwischen Architektur und Landschaft. Der Rundgang über die offenen und gedeckten Galerien in wechselnden Höhen bis zu den Aussichtsplattformen bietet zahlreiche von Architektur und Baumkronen gerahmte Bilder der Potsdamer Parklandschaft und faszinierende Fernsichten. Aus allen Himmelsrichtungen bekrönt die markante Silhouette der Doppeltürme die Bilderwelt des Potsdamer Gartenreichs.

Die Lenné'sche Parkanlage konnte erst nach Abzug des sowjetischen Militärs am Fuße des Pfingstberges vollständig wiederhergestellt werden. Die

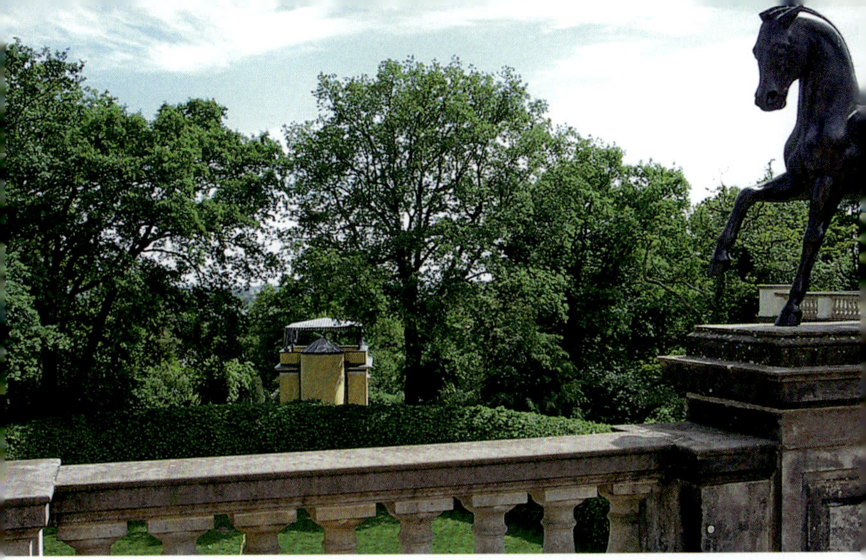

Blick von der Torhalle des Belvederes in den Park

Umnutzung mit zahlreichen Neubauten, Appell- und Sportanlagen hatten das Areal bis zur Unkenntlichkeit zerstört. Der Abriss der Betonmassen und die Neuprofilierung des Hangs nach historischen Befunden erforderten erheblichen landschaftsgärtnerischen Aufwand.

Heute sind die Wunden kaum noch sichtbar, neue und alte Teile fügen sich harmonisch zusammen und verbinden die Anhöhe des Pfingstberges wieder mit dem Neuen Garten.

Eine Bürgerinitiative zur Rettung des Pfingstbergensembles

Ende der 1980er Jahre lag der Pfingstberg einsam und versteckt zwischen militärisch genutzten und typisch grau-weiß ummauerten Gebieten der sowjetischen Garnison. Die Wege waren versperrt oder zugewachsen, nur anliegende Kleingärtner und Anwohner querten den Pfingstberg auf Trampelpfaden. Auf dem Stadtplan gab es seit 1980 keinen Hinweis mehr auf das frühere Kleinod.

Wer dennoch den Pfingstberg entdeckte, stand vor der trutzigen Ruine des Belvederes – einem Dornröschenschloss gleich mit Grün überwuchert, dem Verfall preisgegeben und mutwillig verunstaltet. Neugierig suchte man nach einem Einstieg in das Schloss, manch einer schaffte auch den Aufstieg auf den Turm und war vom Ausblick überwältigt.

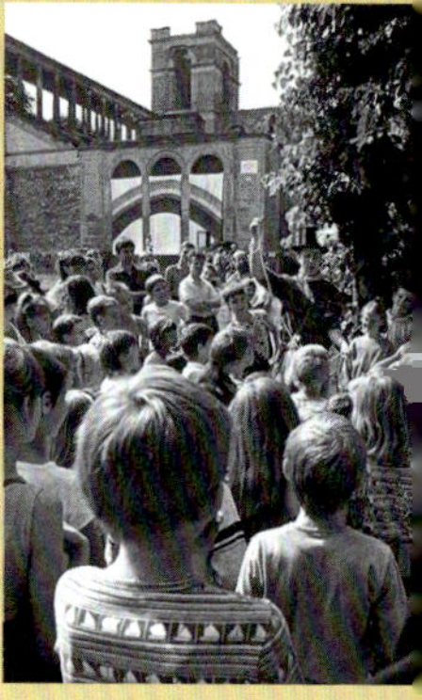

In dieser Zeit, in der Umwelt- und Naturschutz sowie die Anstrengungen um den Erhalt der historischen Stadtkerne vor dem »Aus« standen, entwickelte sich zunehmend Unmut über die angeblich nicht lösbaren Probleme. So entschlossen sich aktive Potsdamer Bürger, oft ganze Familien, dem Verfall auf dem Pfingstberg mit Tatkraft Einhalt zu gebieten. Seit dem Frühjahr 1988 rückten sie als Arbeitsgemeinschaft Pfingstberg im Kulturbund der DDR der Wildnis im Park zu Leibe. Sie legten nach historischen Befunden Wege und Flächen frei, beseitigten Trampelpfade und rodeten Wildwuchs, beschnitten und ergänzten den Laubengang. Am 10. Juni 1989 organisierten die Arbeitsgruppe Pfingstberg und die befreundete Arbeitsgruppe Umweltschutz und Stadtgestaltung (ARGUS) das erste Potsdamer Pfingstbergfest, argwöhnisch beobachtet von der Staats-

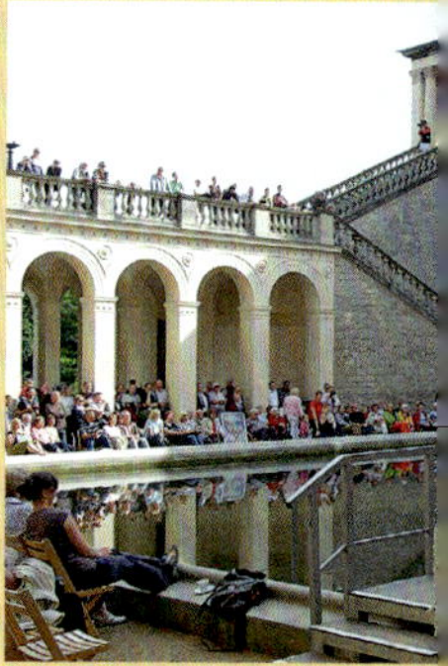

Sängerfest im Belvedere, 2009

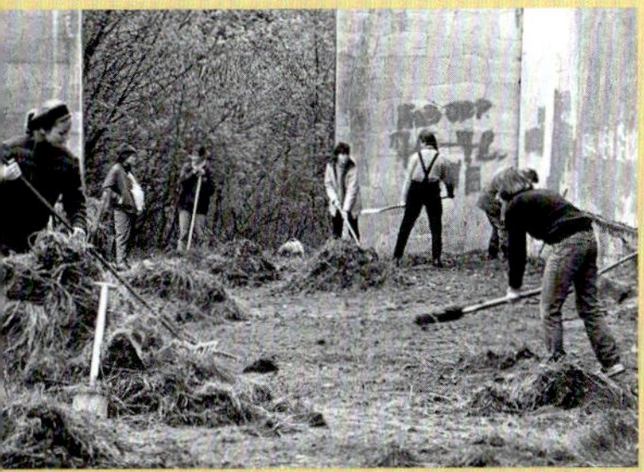

sicherheit, die im Sommer 1989 keine Eskalation riskieren wollte. Beiden Arbeitsgemeinschaften ging es darum, ihre Initiativen vorzustellen und neue Mitstreiter zu gewinnen. Weitere Umwelt- und Friedensgruppen der DDR nahmen am Fest auf dem Pfingstberg teil. Ausstellungen und Informationsstände dokumentierten den aktuellen Zustand und zeigten, was jeder Einzelne zur Problemlösung beitragen konnte. Zahlreiche Künstler engagierten sich ohne Honorar und ließen das Fest zu einem unvergesslichen Erfolg werden.

Die Arbeitsgemeinschaft Pfingstberg im Einsatz, 1988

1990 gründete sich aus der Arbeitsgruppe der Förderverein Pfingstberg in Potsdam e.V., der weiterhin Arbeitseinsätze leistet und mit intensiver Öffentlichkeitsarbeit sowie »Kultur in der Natur« Spenden für den Wiederaufbau und den Erhalt des Belvederes einwirbt. Durch die intensiven Bemühungen konnte 1998 die Generalinstandsetzung begonnen und schon 2001 der erste Turm für die Besucher geöffnet werden, 2003 folgte der zweite Turm und 2005 war die gesamte Anlage vollständig restauriert.

Zauberkünstler auf dem 1. Pfingstbergfest

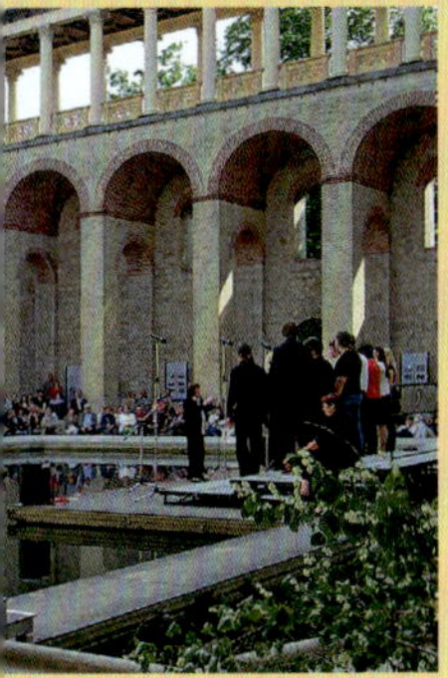

Der Förderverein Pfingstberg übernahm die Betreibung des einmaligen Ensembles in einer Kombination aus professionellem Management und ehrenamtlicher Mitarbeit. Damit lädt das Belvedere täglich zum Besuch der schönen Aussicht sowie zu zahlreichen Konzerten, Theateraufführungen, Mondnächten, Ausstellungen oder Gästeführungen ein. Besonders romantisch sind die Konzerte auf einer mobilen Bühne im Wasserbecken des Innenhofes bei gedämpfter nächtlicher Beleuchtung.

Das Maurische Kabinett dient heute als Standesamt. Gesellschaften, Firmen oder Kulturveranstalter können das wunderbare Ambiente für verschiedene Anlässe anmieten.

Die Umgebung des Pfingstberges

Der Norden von Potsdam hat sich seit dem Wegfall der militärischen Absperrungen kulturell und zeitgeschichtlich zu einem besonders interessanten Areal entwickelt.

Sowohl das zwischen Pfingstberg und Neuem Garten gelegene ehemalige sowjetische Militärstädtchen Nr. 7 als auch das ehemalige Grenzgebiet am Ufer des Jungfernsees gehören mit ihren sanierten Villen zu den schönsten Stadtteilen Potsdams. Eine Spezialführung lohnt sich sehr.

Drei auf dem Gelände des Pfingstberges gelegene Gebäude konnten erst in jüngster Zeit restauriert werden: Die Villa Quandt, letzter Wohnsitz des Prinzen Oskar von Preußen, Sohn Kaiser Wilhelms II., beherbergt heute das Fontanearchiv und das Brandenburgische Literaturbüro. In unmittelbarer Nachbarschaft richtete der Förderverein Lepsiushaus Potsdam e. V. in der ehemaligen Villa des Humanisten und Theologen Johannes Lepsius ein Forschungs- und Begegnungszentrum ein. Das dazugehörige ehemalige Gärtnerhaus hat der Förderverein Pfingstberg in Potsdam e. V. zu seinem »Pfingstberghaus« mit Geschäftsstelle und Veranstaltungssaal ausgebaut.

Einen Einblick in die grausame Seite des sowjetischen Militärstädtchens vermittelt ganz in der Nähe die Gedenk- und Begegnungsstätte Leistikowstraße Potsdam. Das im Zustand von 1994 baulich gesicherte ehemalige Pfarrhaus diente nach 1945 als Gefängnis des sowjetischen Geheimdienstes in Potsdam. Heute ist es Museum und wird von einem neu errichteten Begegnungs- und Informationszentrum ergänzt.

Östlich des Belvederes fällt der italienisch anmutende Turm der Villa Henckel sofort auf. Der Bankier Hermann Henckel ließ sie 1867–1869 errichten und das fast fünf Hektar große Areal als Landschaftspark in Korrespondenz zur Pfingstberganlage gestalten.

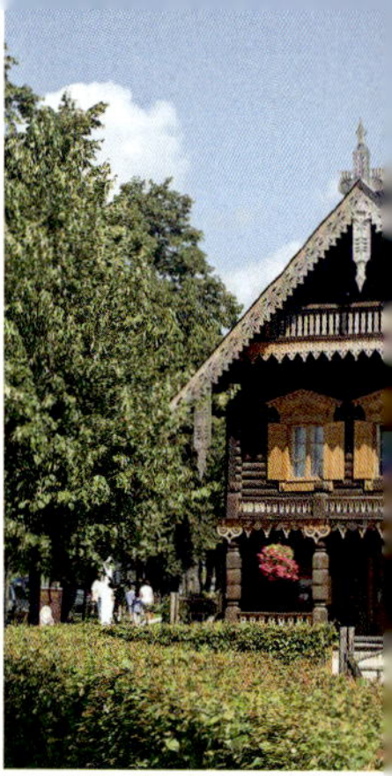

Haus in der Kolonie Alexandrowka

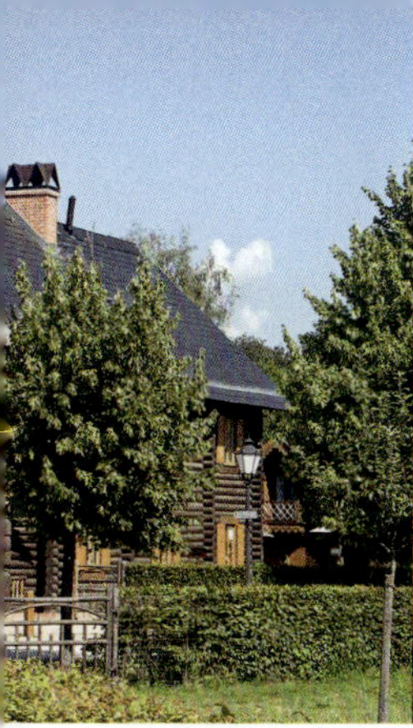

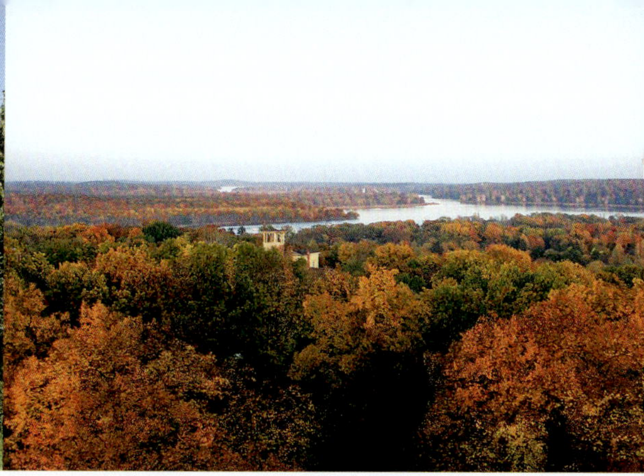

Aussicht vom Turm des Belvederes über die herbstliche Havellandschaft

Nachdem die Villa 1879 an Prinz Carl von Preußen verkauft worden war, ging sie 1926 in Staatsbesitz über und wurde überwiegend als Senioren- und Pflegeheim genutzt.

Auf der Südseite des Pfingstberges führt der Weg an der Mauer des Jüdischen Friedhofs entlang in Richtung Stadtzentrum. Der Jüdische Friedhof wurde in mühevoller Arbeit der Verwilderung entrissen und ist zur Besichtigung geöffnet. Auf der anderen Seite des Weges wurden in den letzten Jahren der Garten und die Villa Gericke saniert. Die Villa wurde in den Jahren 1892/93 durch den Architekten F. Gericke für »Frau Stadträtin E. Gericke« erbaut. Das Gebäude ist eine Kopie der Villa des berühmten Architekten Hermann Ende, die 1893 wegen des S-Bahn-Baus im Berliner Tiergarten abgerissen wurde.

Auf dieser Seite endet der Weg vom Pfingstberg unmittelbar am Kapellenberg oberhalb der Kolonie Alexandrowka, die mit der russisch-orthodoxen Alexander-Newski-Kirche in einem Lennépark, den restaurierten Blockhäusern in traditioneller russischer Architektur und den historischen Modellgärten für den Obstbau ein Kleinod von europäischem Rang ist. Auch hier lohnt sich der Besuch des Museums oder eine Sonderführung.

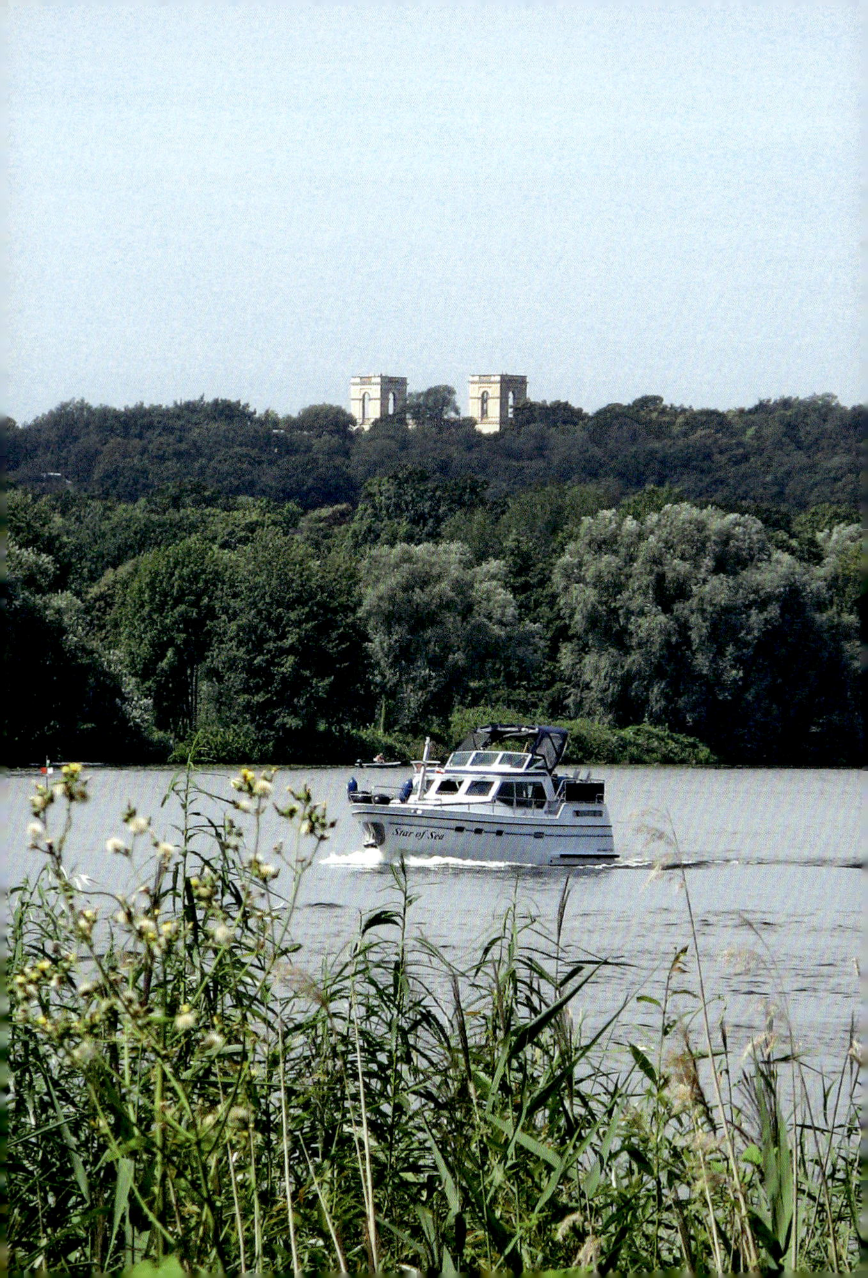
Star of Sea

Belvedere Pfingstberg
Pfingstberg Potsdam

Kontakt und Gruppenführungen

Geschäftsstelle des
Fördervereins Pfingstberg in Potsdam e. V.
Große Weinmeisterstraße 45a, 14469 Potsdam
Tel.: +49 (0) 331.20057930
Fax: +49 (0) 331.20057939
E-Mail: info@pfingstberg.de
www.pfingstberg.de

Öffnungszeiten und Eintrittspreise

Belvedere:
April bis Oktober täglich 10:00 bis 18:00 Uhr
März und November nur Sa und So 10:00 bis 16:00 Uhr
Eintritt: 6,00 €/4,50 €, weitere Informationen unter www.pfingstberg.de

Pomonatempel:
Ostern bis Oktober an Wochenenden und Feiertagen 14:00 bis 17:00 Uhr, Eintritt frei

Der Förderverein Pfingstberg bietet auch außerhalb der Öffnungszeiten zahlreiche saisonale Open-Air-Veranstaltungen an. Informationen unter www.pfingstberg.de

Verkehrsanbindung

Aus allen Richtungen erlebt man des Belvedere als »Krone über der Stadt«

Erreichbar über die Puschkinallee, die Große Weinmeisterstraße und die B 2/Nedlitzer Straße (Richtung Berlin-Spandau) zu Fuß oder mit dem Fahrrad.

Mit öffentlichen Verkehrsmitteln:
Vom Hauptbahnhof mit den Straßenbahnlinien 92 oder 96 bis Haltestelle »Puschkinallee« oder »Am Schragen«
Vom Platz der Einheit mit der Buslinie 603 bis Haltestelle »Höhenstraße«.

Mit dem Auto oder Reisebus:
Der Pfingstberg ist eine Parkanlage, die motorisierte Zufahrt bis zum Belvedere ist ausschließlich für Anlieferer, Hochzeitspaare und Besucher mit Handicap möglich. Empfohlen werden der Parkplatz am Schloss Cecilienhof und der öffentliche Parkplatz am ehemaligen BUGA-Park, dem heutigen Volkspark Bornstedter Feld (Straße: »Esplanade«), Zufahrt über die B 2 Richtung Berlin-Spandau, stadtauswärts links. Vom Parkplatz 10 Minuten Fußweg.

Hinweise für Besucher mit Handicap

Das Belvedere ist barrierefrei bis in den Innenhof, das Personal ist am Stufenaufzug behilflich. Der Park ist barrierefrei. Ein Behinderten-WC ist vorhanden. Anmeldung zur Anfahrt über Tel./Fax: +49 (0) 331.20 068 41 (Kasse zu den Öffnungszeiten des Belvederes).
Der Saal des Pfingstberghauses ist barrierefrei, einschließlich Behinderten-WC und Parkplatz.

Museumsshops

Pfingstbergtypische Publikationen, Plakate, Kalender und Souvenirs können an der Kasse des Belvederes, außerhalb der Saison auch in der Geschäftsstelle des Fördervereins Pfingstberg erworben werden.
Die Museumsshops der preußischen Schlösser und

Gärten finden Sie in Potsdam: Schloss Cecilienhof, Schloss Sanssouci, Schlossküche Sanssouci, Neues Palais.
www.museumsshop-im-schloss.de

Gastronomie

Restaurant am Pfingstberg
Große Weinmeisterstraße 43 b, 14469 Potsdam
Tel.: +49 (0) 331.2 935 33, Fax: 0331.2 3731 32
E-Mail: info@restaurant-pfingstberg.de

Tourismus-Information

Stiftung Preußische Schlösser und Gärten
Berlin-Brandenburg
Besucherzentrum an der Historischen Mühle
An der Orangerie 1, 14469 Potsdam
Tel.: +49 (0) 331.96 94-200
Fax: +49 (0) 331.96 94-107
E-Mail: info@spsg.de
besucherzentrum@spsg.de
www.spsg.de

Tourist Information Im Hauptbahnhof
Bahnhofspassagen Potsdam (neben dem Info-Point)
Babelsberger Straße 16 (keine Postadresse!)
14473 Potsdam
Tel: +49 (0)331 2755 88 99, Fax: +49 (0)331 275 58 58

Tourist Information Am Alten Markt
Humboldtstraße 1/2, 14467 Potsdam
Tel: +49 (0) 331 2755 88 99, Fax: +49 (0) 331 275 58 58

E-Mail: info@potsdamtourismus.de
www.potsdamtourismus.de

Tourismus Marketing Brandenburg (TMB)
Tel.: +49 (0) 331.298 73 0
www.reiseland-brandenburg.de

Schutz der historischen Gartenkunstwerke

Seit 1990 steht die Potsdam-Berliner Kulturlandschaft auf der Liste der UNESCO-Welterbestätten. Um dieses Welterbe mit seinen einzigartigen künstlerischen Schöpfungen in einem empfindlichen Naturraum zu schützen und zu bewahren, benötigen wir Ihre Unterstützung!

Mit Ihrem rücksichtsvollen Verhalten tragen Sie dazu bei, dass Sie und alle anderen Besucher die historischen Gartenanlagen in ihrer ganzen Schönheit erleben können. Die Parkordnung der Stiftung Preußische Schlösser und Gärten Berlin-Brandenburg fasst die Regeln für einen angemessenen und schonenden Umgang mit dem kostbaren Welterbe zusammen. Wir danken Ihnen herzlich für die Beachtung dieser Regeln – und wünschen Ihnen viel Vergnügen beim Aufenthalt in den königlich-preußischen Gärten!

Literatur

Astrid Fritsche: *Der Potsdamer Pfingstberg*, hrsg. von der Stiftung Preußische Schlösser und Gärten Berlin-Brandenburg, Potsdam 1995.

Was bleibt...? Spuren der Geschichte am Potsdamer Pfingstberg, hrsg. vom Theodor-Fontane-Archiv, Potsdam 2009.

Der Potsdamer Pfingstberg und seine Anlagen. Entstehung-Verfall-Wiederaufbau, hrsg. vom Förderverein Pfingstberg in Potsdam e.V., 2. aktualisierte Auflage, Potsdam 2003.

Michael Seiler, Manfred Hamm: *Inszenierte Landschaften. Blicke ins Preußische Arkadien*, Berlin 1999.

Nichts gedeiht ohne Pflege. Die Potsdamer Parklandschaft und ihre Gärtner, hrsg. von der Generaldirektion der Stiftung Preußische Schlösser und Gärten Berlin-Brandenburg, Potsdam 2001.

Monika Deißler: *Garten. Grenze. Garten. Die wiederhergestellten historischen Gartenbereiche im ehemaligen Grenzgebiet Babelsberg, Neuer Garten, Pfingstberg, Sacrow.* Potsdam 2004.

Peter Joseph Lenné, Parks und Gärten im Land Brandenburg, Werkverzeichnis, hrsg. vom BLDAM und der SPSG, Wernersche Verlagsgesellschaft Worms 2005.

Impressum

Text: Eva Riks
Lektorat: Esther Zadow, Martin Steinbrück
Gestaltung: M&S Hawemann
Satz: Hendrik Bäßler
Herstellung: Luzie Diekmann
Koordination: Elvira Kühn
Druck: DZA Druckerei zu Altenburg GmbH, Altenburg
Fotos: Stiftung Preußische Schlösser und Gärten Berlin-Brandenburg/Fotografen: Roland Handrick, Wolfgang Pfauder, Daniel Lindner; Förderverein Pfingstberg in Potsdam e.V./Fotografen: Michael Lüders, Günter Kutschke, Joachim Koltzer, Rosemarie Rosenkranz, Ulrich Koltzer, Stephanie Schulze, Eva Riks, Wolfgang Hilbert, Gerd Großkopf, Tanja Ott; Stiftung Stadtmuseum Berlin/Reproduktion: Matthias Hohlfeld, Berlin (Abb. S. 5); Hendrik Bäßler; Architekturbüro Selle

Die Deutsche Nationalbibliothek verzeichnet diese Publikation in der Deutschen Nationalbibliografie; detaillierte bibliografische Daten sind im Internet über http://dnb.d-nb.de abrufbar.

4. Auflage 2020

ISBN 978-3-422-98315-1